ANALISI DEL LIBRO

AF137809

# Il vecchio
# e il mare

ERNEST HEMINGWAY

# ANALISI DEL LIBRO

Scritto da Elodie Thiébaut
Tradotto da Sara Rossi

# Il vecchio
# e il mare

· · · · · · · · · · · · · · · · · · · · · · · · ·

ERNEST HEMINGWAY

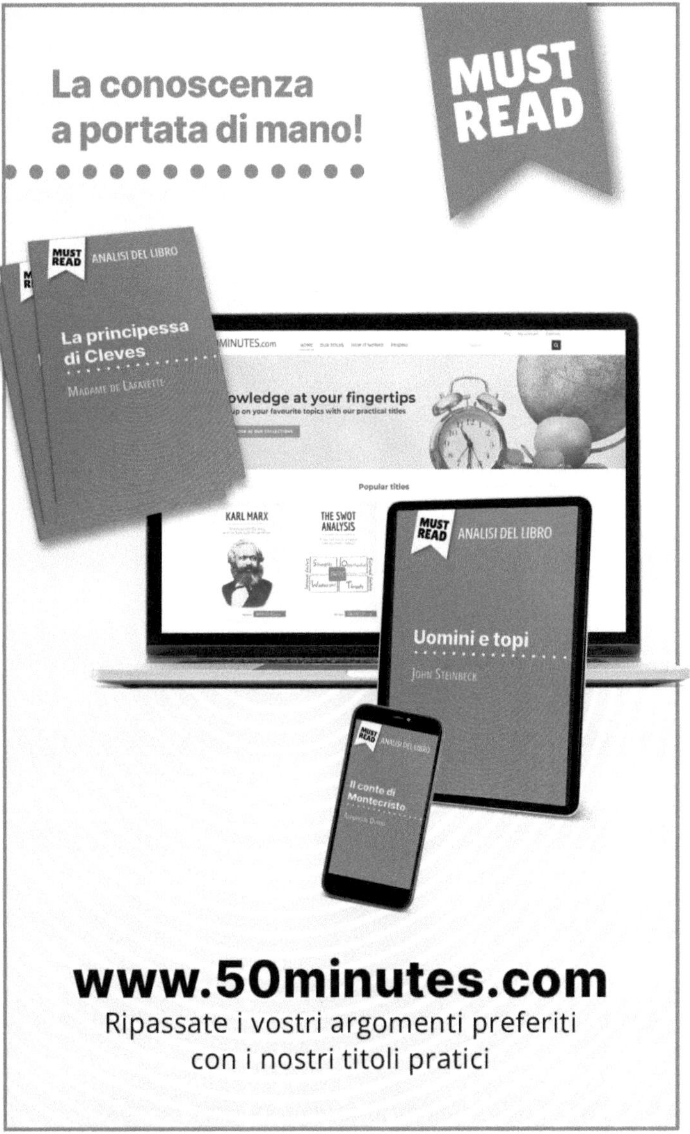

La conoscenza
a portata di mano!
MUST
READ
MUST
READ
ANALISI DEL LIBRO
La principessa
di Cleves
Madame de Lafayette
MINUTES.com
owledge at your fingertips
up on your favourite topics with our practical titles
Popular titles
KARL MARX
THE SWOT
ANALYSIS
MUST
READ
ANALISI DEL LIBRO
Uomini e topi
John Steinbeck
MUST
READ
ANALISI DEL LIBRO
Il conte di
Montecristo
www.50minutes.com
Ripassate i vostri argomenti preferiti
con i nostri titoli pratici

# ERNEST HEMINGWAY

## SCRITTORE E GIORNALISTA AMERICANO

- **Nato a Oak Park (Illinois) nel 1899**
- **È morto a Ketchum (Idaho) nel 1961**
- **Opere degne di nota:**
  - *Anche il sole sorge* (1926), romanzo
  - *Addio alle armi* (1929), romanzo
  - *Per chi suona la campana* (1940), romanzo

Ernest Miller Hemingway è stato uno scrittore americano proveniente da una famiglia benestante di Oak Park, Illinois. Inizialmente lavorò come giornalista, prima di essere incoraggiato dagli amici a dedicarsi alla letteratura. Nel 1926 pubblicò il suo primo romanzo, *The Sun Also Rises (Anche il sole sorge)*, che fu accolto con favore dalla critica. In seguito fu corrispondente di guerra durante la Guerra Civile spagnola (1936-1939) e lo sbarco in Normandia (1944). Due anni dopo la pubblicazione del suo romanzo *Across the River and into the Trees* (1950), che ha incontrato recensioni generalmente negative, ha pubblicato *The Old Man and the Sea (Il vecchio e il mare,* 1952), che è stato accolto molto meglio. Molte delle sue opere sono state adattate per il cinema e la televisione.

# IL VECCHIO E IL MARE

## UN'EPICA BATTAGLIA TRA UN VECCHIO E UN PESCE

- **Genere:** romanzo
- **Edizione di riferimento:** Hemingway, E. (1994) *Il vecchio e il mare*. Londra: Vintage.
- **1ª edizione:** 1952
- **Temi:** solitudine, amicizia, natura, lotta, coraggio, morte

*Il vecchio e il mare*, l'ultimo romanzo pubblicato durante la vita di Hemingway, ha ricevuto il Premio Pulitzer per la narrativa ed è stato un importante fattore che ha contribuito alla decisione di assegnargli il Premio Nobel per la letteratura nel 1954.

La storia è ambientata a Cuba e segue un anziano pescatore di nome Santiago, che in 84 giorni non ha mai preso un pesce grosso. Era solito pescare nella Corrente del Golfo con un ragazzo di nome Manolin, al quale aveva insegnato le sue tecniche, ma i genitori del ragazzo lo hanno costretto a prendere il largo con una barca più grande per poter pescare di più. All'alba dell'85° giorno, Santiago parte da solo e naviga in mare aperto nella speranza di una grande cattura. A mezzogiorno, aggancia un enorme pesce spada e lotta contro di lui per tre giorni. Una volta sconfitto, il pesce spada viene divorato dagli squali, così quando Santiago, esausto, riesce a tornare a riva, rimane solo il suo scheletro.

# SINTESI

## UN PESCATORE SFORTUNATO

La storia è ambientata in un villaggio di pescatori cubani, dove la vita è difficile ma c'è un senso di solidarietà tra i pescatori. Nel villaggio vivono Santiago, un pescatore povero e anziano che non prende un pesce grosso da 84 giorni, e Manolin, un ragazzino a cui ha insegnato a pescare e a cui è molto legato. Tutti pensano che Santiago sia sfortunato, e a questo punto Manolin è l'unica persona che crede ancora in lui. Il ragazzo lo accompagnava nelle sue battute di pesca, ma i suoi genitori erano convinti che il vecchio fosse "*salao*, che è la peggiore forma di sfortuna" (p. 3) e ordinarono al figlio di unirsi a "un'altra barca che aveva preso tre bei pesci nella prima settimana" (*ibid.*).

Quando torna a riva, Manolin cerca di confortare e curare Santiago portandogli esche e cibo.

## SANTIAGO SALPA

Un giorno, il vecchio parte da solo per il mare aperto, deciso a porre fine alla sua sfortuna. Supera il porto e si spinge più al largo degli altri pescatori, che restano vicino alla costa. Ha intenzione di "scoprire dove si trovano i banchi di bonito e albacore" (p. 20), perché pensa che lì potrà catturare un pesce grosso. Prepara le esche prima dell'alba e poi controlla la posizione delle lenze. Continua a remare verso il territorio di caccia di un falco di mare, dove vede "il rosso setacciare del plancton" (p. 24), segno che nella zona ci sono molti pesci. Ben presto si trova circondato da tonni che saltano fuori dall'acqua. Ne cattura uno e decide di tenerlo per usarlo come esca, ma è costretto a mangiarlo il giorno dopo per mantenersi in forze. Mentre osserva le sue lenze, vede uno dei suoi galleggianti immergersi sotto la superficie dell'acqua e manovra abilmente in modo che il pesce, che sta mangiando sardine, rimanga impigliato nell'amo. A mezzogiorno riesce finalmente ad agganciare l'enorme pesce.

## UNA LOTTA TERRIBILE

Si scatena una lotta feroce tra il pesce e il vecchio, mentre il pesce continua a tirare la lenza e Santiago è costretto a lasciare che la sua barca vada alla deriva verso il mare aperto e ad abbandonare le altre lenze che lo trattengono. Nel corso della lotta, viene ferito alla guancia e si taglia la mano destra, la mano sinistra diventa così tesa che deve smettere di usarla e la lenza gli taglia la schiena. Prende allora un pesce più piccolo, che si costringe a mangiare per mantenere le forze e, dopo aver preso tutte le precauzioni per mantenere il controllo della lenza, si lascia riposare per recuperare le energie. Si addormenta brevemente, ma viene svegliato da un dolore lancinante alla mano destra. Il pesce spada continua a balzare fuori dall'acqua e lo sballottamento della barca fa cadere l'uomo a pancia in giù. Il vecchio riesce finalmente a scorgere l'avversario e ne vede l'enormità. La lotta continua.

All'alba del terzo giorno, il pesce spada inizia a girare intorno alla barca e continua a nuotare verso la superficie. Il vecchio è ormai esausto e stordito, ma si sforza di continuare. Tenta di riavvolgere il pesce spada per avvicinarlo il più possibile alla barca. Nell'ultimo tentativo di sconfiggere il pesce, lo arpiona due volte e lo uccide.

## UNA VITTORIA AGRODOLCE

Il pesce è così grande che è un'impresa tirarlo in barca. Santiago deve prima guidare la sua barca vicino al pesce spada per legarne la testa e la coda con la corda dell'arpione. Poi lo lega alla fiancata della barca, alza l'albero maestro e spiega le vele in vista del ritorno. La barca si muove rapidamente e Santiago cattura e mangia alcuni gamberi e beve il resto dell'acqua per mantenersi in forze. Il vecchio non riesce a distogliere lo sguardo dal pesce e gli sembra di sognare.

All'improvviso si accorge di uno squalo che segue la scia della barca e capisce di essere in pericolo. Quando lo squalo attacca il pesce spada, gli lancia l'arpione in testa, ma lo squalo reagisce e morde la corda, prima di affondare sotto le onde e portare con sé l'arpione. Due ore dopo, Santiago vede altri due squali avvicinarsi alla barca e riesce a ucciderli legando un coltello all'estremità del remo. Un quarto squalo morde il pesce spada e, sebbene il vecchio riesca a ucciderlo, la lama del suo coltello si rompe. Arrivano altri due squali e, in breve tempo, molti di essi brulicano intorno alla barca. Il vecchio lotta valorosamente, ma non riesce ad impedire agli squali di mangiare il pesce spada, di cui presto rimane solo lo scheletro. Santiago arriva al porto durante la notte e, sebbene riesca ad ammainare l'albero e le vele, è così esausto che non riesce nemmeno a stare in piedi mentre si avvia verso casa. Quando torna alla sua baracca, crolla sul letto e si addormenta.

Dopo la spedizione, Manolin si reca a casa di Santiago, come ogni giorno. Vede che il vecchio respira e va a prendergli il caffè. Gli eventi degli ultimi tre giorni ispirano Manolin a tornare a pescare con Santiago e i due pianificano come lavorare insieme nei giorni successivi. Quando finalmente il vecchio si riaddormenta, Manolin resta al suo fianco.

# STUDIO DEL CARATTERE

## SANTIAGO

Santiago è un pescatore anziano, solitario ed estremamente povero. Ha spalle possenti e collo robusto, ma è molto magro, con il viso rugoso e le mani consumate. I suoi occhi sono "dello stesso colore del mare e [...] allegri e non sconfitti" (p. 4). Indossa una camicia logora e va sempre a piedi nudi. Vive in una baracca costruita con le palme, senza acqua corrente, senza un pavimento adeguato e con gli arredi più semplici.

Santiago rimane umile di fronte alle avversità che subisce e non si vergogna. È fiducioso nelle sue capacità di pescatore, ma sa di essere impotente contro la sfortuna e contro la perdita di forza fisica e l'indebolimento della mano sinistra che si verificano con l'invecchiamento. Tuttavia, è determinato, tenace e coraggioso. È un uomo onesto, con uno spiccato senso dell'onore, che non si lascia scoraggiare dalla sfortuna.

Ama il mare, che conosce bene, e rispetta tutte le forme di vita. Ammira la forza del pesce e sente di sviluppare una sorta di legame con lui nel corso della lotta.

Santiago parla da solo mentre è in mare per sentirsi meno solo. Il vecchio sogna spesso le sue avventure passate, ama parlare dell'Africa ed è un appassionato di baseball. Riflette sul bene e sul male, sulla vita, sulla morte e sulla condizione umana. Cerca di capire cosa dia senso alla sua vita e non esita ad esaminare le proprie mancanze. Ad esempio, dopo che gli squali attaccano il pesce spada, si scusa con lui per il suo orgoglio. Per certi versi, è un personaggio contraddittorio: sembra essere debole e avere i normali difetti umani, ma allo stesso tempo sembra possedere una forza quasi sovrumana.

## MANOLIN

Manolin non è descritto fisicamente. È un giovane che ha imparato a pescare da Santiago quando aveva cinque anni. Gli piaceva pescare con il vecchio, che gli ha affidato alcune responsabilità, ma i suoi genitori lo hanno costretto a lavorare su una barca che cattura pesci grossi, e lui è troppo giovane per andare contro la loro volontà.

Tuttavia, Manolin ammira Santiago e ritiene che la sua abilità di pescatore sia impareggiabile. Prova anche molto affetto nei confronti del vecchio, che per lui è una specie di nonno. Si prende cura di lui e si assicura che abbia tutto ciò di cui ha bisogno: esche, riscaldamento, cena la sera e caffè la mattina. Nonostante la sua giovane età, sembra essere abbastanza maturo e si dimostra coraggioso, concreto e gentile nei confronti del suo mentore.

Dopo l'avventura di Santiago in mare aperto, Manolin si commuove per la sua sofferenza. Questo lo spinge ad andare contro il volere dei genitori e a uscire di nuovo a pesca con lui. Pur volendo sinceramente aiutare il vecchio, decide di accompagnarlo anche perché Santiago potrà aiutarlo a perfezionare la sua tecnica di pesca e perché i due vanno d'accordo.

# ALTRI PERSONAGGI

Nel romanzo ci sono solo due personaggi principali. Gli altri personaggi sono il proprietario della Terrazza, il suo cameriere, alcuni turisti e tre uomini di nome Martin, Pedrico e Rogelio. La maggior parte dei personaggi sono uomini e la maggior parte di loro sono pescatori. Le donne sono menzionate solo di sfuggita: La moglie di Santiago, che ci viene detto essere morta, viene menzionata, così come la madre di Manolin e una turista.

# ANALISI

## UNA VOCE PER LA SUA GENERAZIONE

### La generazione perduta

*Il vecchio e il mare*, come il resto dell'opera di Hemingway e la scrittura di alcuni suoi contemporanei, tra cui F. Scott Fitzgerald (romanziere americano, 1896-1940) e John Steinbeck (romanziere americano, 1902-1968), è caratterizzato da un profondo senso di disagio e instabilità. La ragione è che questi autori appartenevano alla cosiddetta "Generazione perduta", che divenne maggiorenne all'epoca della Prima Guerra Mondiale e sperimentò in prima persona la devastazione e la disperazione generate dal conflitto. Il movimento letterario che hanno sviluppato ha attraversato il periodo tra le due guerre: è sorto sulla scia della Prima Guerra Mondiale (1914-1918), che ha distrutto i valori sociali e morali del XIX secolo, ed è durato fino alla Seconda Guerra Mondiale (1939-1945), che era una minaccia sempre incombente.

Hemingway attribuì alla scrittrice americana Gertrude Stein (1874-1946) il merito di aver coniato il termine "Generazione perduta", che lo colpì a tal punto da utilizzarlo come epigrafe del suo primo romanzo *"Il sole sorge ancora"*. Si riferisce alla disillusione che i membri di questa generazione sperimentarono come diretta conseguenza della carneficina della guerra, che li portò anche a dubitare dei valori di onore, patriottismo e gloria che avevano precedentemente accettato senza riserve. Ciò che era andato "perduto" erano gli indicatori che questi giovani usavano per trovare il loro posto nel mondo prima della guerra.

Molti libri di questo periodo, e in particolare le opere di Hemingway, presentano personaggi solitari per i quali il successo si rivela sfuggente, nonostante il loro innegabile coraggio. È questo il caso de *Il vecchio e il mare*: quando l'uomo cattura finalmente il pesce che ha a lungo sognato, gli viene strappato dagli squali. La vittoria completa è impossibile e il successo è sempre compensato dal fallimento. Tuttavia, il finale del romanzo non è del tutto pessimista e si tinge di speranza, poiché l'eroe ottiene una vittoria fisica e morale su se stesso.

Ne *Il vecchio e il mare*, le idee di Hemingway sono maturate: è meno cupo dei suoi libri precedenti e adotta una visione più stoica. Hemingway sembra essere diventato più calmo e saggio e ha imparato a mettere le cose in prospettiva: sebbene la realtà che descrive sia ancora cupa, è costellata di piccole vittorie. Anche se gli ideali di gloria, onore e patriottismo dell'anteguerra non esistono più, Hemingway vede ancora la bellezza della vita e riesce a darle un senso attraverso la scrittura. È passato dallo scetticismo e dalla disperazione dei primi romanzi allo stoicismo e alla maturità de *Il vecchio e il mare*.

## 👁 LO SAPEVATE?

Oltre a essere usato più in generale per indicare la forza emotiva, lo stoicismo è anche il nome di un'antica scuola filosofica che sosteneva la necessità di accettare il proprio destino senza lamentarsi, di dominare le proprie emozioni e di superare la paura della morte.

## Comportamentismo

Hemingway fu anche influenzato dal comportamentismo, una branca della psicologia sviluppata negli Stati Uniti all'inizio del XX secolo dallo psicologo John Broadus Watson (1878-1958), che prevede l'osservazione oggettiva del comportamento umano. Si tratta di una forma di psicologia comportamentale e i comportamentisti ritengono che il modo migliore per analizzare lo stato mentale di un individuo non sia quello di esaminarne i pensieri e i sentimenti, ma piuttosto di considerarne il comportamento e l'atteggiamento esteriore. In letteratura, gli autori influenzati da questo approccio tendono a descrivere le azioni piuttosto che le emozioni dei loro personaggi.

Ne *Il vecchio e il mare*, Hemingway descrive a lungo le azioni dei suoi personaggi. Ad esempio, quasi tutto ciò che sappiamo di Manolin deriva dalle sue azioni e dai suoi commenti, mentre i suoi sentimenti rimangono imperscrutabili. Lo si vede chiaramente quando va a trovare il vecchio, che è appena tornato da una battuta di pesca di tre giorni:

> *"Stava dormendo quando il ragazzo si affacciò alla porta al mattino. Soffiava così forte che la barca alla deriva non sarebbe uscita e il ragazzo aveva dormito fino a tardi e poi era venuto alla baracca del vecchio come ogni mattina. Il ragazzo vide che il vecchio respirava e poi vide le mani del vecchio e cominciò a piangere. Uscì molto silenziosamente per andare a portare del caffè e per tutta la strada non fece che piangere"* (p. 95).

Anche se non ci viene detto cosa Manolin abbia provato o pensato quando ha visto il vecchio, si tratta di una descrizione molto emotiva che illustra chiaramente il suo profondo affetto per lui. Si prende cura di lui in modo quasi materno, andando ogni mattina alla sua baracca per vedere se è già tornato a casa e portandogli il caffè. Il narratore non dice esplicitamente che Manolin è triste quando vede le ferite di Santiago, ma la descrizione delle sue lacrime è molto più eloquente di quanto potrebbe mai essere una semplice affermazione del suo stato emotivo. Piuttosto che affermare semplicemente ciò che Manolin prova, il narratore descrive la manifestazione fisica delle sue emozioni (possiamo vedere la tristezza di Manolin nelle sue lacrime, e possiamo capire l'amore quasi filiale tra i due personaggi osservando le sue cure e attenzioni).

Tuttavia, Hemingway utilizza anche monologhi interni e parlati per darci un'idea dei pensieri e dei sentimenti del suo protagonista. Il romanzo è strutturato sull'interazione tra le descrizioni oggettive e il punto di vista del pescatore:

> Guardò il cielo e vide i cumuli bianchi costruiti come amichevoli pile di gelato e in alto le sottili piume dei cirri contro il cielo alto di settembre. 'Tesa leggera', disse. 'Meglio il tempo per me che per te, pesce'" (p. 45).

Sia i passaggi descrittivi che i monologhi sono utilizzati per descrivere il paesaggio e il tempo. Vediamo che il pescatore è dedito alla contemplazione e ama guardare il cielo, ma la sua attenzione non si sofferma a lungo: la sua mente non è mai lontana dal compito da svolgere e i suoi pensieri sono presto attratti dal vantaggio che il tempo gli darà sui pesci.

Poiché la mente di Santiago è sempre concentrata su ciò che sta facendo o su ciò che accadrà nel prossimo futuro, il lettore non scopre mai cosa pensa di qualcosa di diverso dalla sua situazione attuale. Il seguente estratto è tipico dei suoi monologhi interiori: "Quando sarà giorno, pensò, tornerò all'esca da quaranta piedi e taglierò via anche quella e farò le spire di riserva" (p. 37). I suoi monologhi non sono mai introspettivi e non esaminano mai le proprie emozioni o i propri sentimenti. Se un pensiero malinconico gli attraversa la mente, è veloce ad allontanarlo: "Forse non avrei dovuto fare il pescatore, pensò. Ma era la cosa per cui ero nato. Devo sicuramente ricordarmi di mangiare il tonno dopo che è diventato leggero" (*ibid*.). Piuttosto che ispirare l'introspezione o l'auto-esame, le sue riflessioni sono superficiali. Anche quando utilizza il monologo interiore, Hemingway non va oltre la superficie della vita interiore di Santiago.

Tuttavia, per descrivere il comportamento del vecchio vengono utilizzati monologhi interni e parlati, che forniscono al lettore indizi sulla sua personalità. Santiago è un pescatore esperto, appassionato e determinato. I suoi pensieri sono tutti concentrati sull'azione perché la sua vita ruota intorno alla pesca. Il fatto che spesso parli da solo ad alta voce richiama l'attenzione sulla sua solitudine, poiché non c'è nessuno che possa rispondergli.

Hemingway utilizza quindi il monologo interiore per rafforzare l'approccio comportamentista del suo romanzo. Secondo lui, la nostra vita interiore si basa sul modo in cui vediamo il mondo. I silenzi del pescatore sono in definitiva molto più eloquenti delle sue conversazioni con Manolin, spesso brevi e banali.

## Vittoria nella sconfitta

La vittoria di Santiago nella cattura del pesce spada sembra finire in una sconfitta, poiché il pesce viene presto divorato dagli squali, il che significa che non ha nulla da mostrare per i suoi sforzi. Quando riporta lo scheletro a riva, si sente sconfitto, perché è l'ottantacinquesima volta che torna a mani vuote. Tuttavia, alla fine del romanzo, questa situazione viene interpretata in modo ottimistico, poiché Manolin sottolinea di essere riuscito a sconfiggere il pesce.

Infatti, anche se non trionfa sugli squali, intraprende una valorosa lotta di tre giorni per catturare il pesce spada e non si arrende nemmeno quando viene ferito. Secondo lui, "l'uomo non è fatto per la sconfitta [...]. Un uomo può essere distrutto ma non sconfitto" (p. 80). In effetti, Santiago riesce a trionfare sul pesce perché si spinge oltre i propri limiti. Nonostante l'età, le ferite, la stanchezza e la solitudine che deve sopportare, riesce a sconfiggere il pesce. Il suo trionfo sul pesce è anche una vittoria su se stesso, perché dimostra che la sua forza non lo ha abbandonato.

Tuttavia, la sua vittoria non è solo fisica. Ha dato prova di coraggio e ha accettato il suo destino senza compiacersi, e ha persino la forza emotiva di immaginare la propria morte con calma e fiducia ("Pesce," disse dolcemente, ad alta voce, "resterò con te finché non sarò morto", p. 38) – in altre parole, con stoicismo. Ha superato i suoi limiti mentali ed emotivi, e nel farlo ha acquisito una maggiore saggezza. Ha portato a termine il suo compito con dignità e ha sempre rispettato l'avversario. Ammira il coraggio e la determinazione del pesce spada e gli parla come farebbe con un uomo: "Pesce", disse, "ti voglio bene e ti rispetto molto [...]" (p. 40). Il combattimento spietato dei due nemici crea un legame stretto tra loro, e diventano una cosa sola quando arrivano gli squali a divorare il corpo del pesce: il vecchio combatte per difendere il suo pesce, che ha lottato coraggiosamente.

Il romanzo rappresenta quindi una vittoria sul destino: mentre i suoi compagni di pesca lo considerano inizialmente profondamente sfortunato, Santiago alla fine dimostra loro che è in grado di pescare, e così facendo riconquista il rispetto di tutti coloro che avevano smesso di credere in lui. Questa vittoria lo solleva anche dalla sua solitudine, poiché d'ora in poi Manolin lo accompagnerà nelle sue battute di pesca. Nonostante l'apparente sconfitta, ha trionfato sul destino e su se stesso. Esce da questa esperienza come una persona più forte e migliore e si eleva alla statura dell'eroe di un poema epico.

## SOLITUDINE

Il tema della solitudine è introdotto nella frase di apertura del romanzo: "Era un vecchio che pescava da solo in una barca" (p. 3). Le ragioni della solitudine di Santiago sono molteplici:

- è un uomo anziano;

- è un pescatore, ma da mesi non prende pesci grossi;

- Manolin, che lo accompagnava, è stato costretto dai genitori a unirsi a un'altra barca.

Santiago è socialmente isolato: l'unica persona con cui parla è Manolin, che funge da intermediario in tutte le sue interazioni con gli altri.

Santiago accetta questa situazione, ma ciò non la rende meno dolorosa per lui. Gli manca molto la moglie e ha nascosto la sua fotografia "sotto la camicia pulita" (p. 8) per non ricordarla più. In mare aperto, rimpiange più volte l'assenza di Manolin. Inoltre, sa che la solitudine lo indebolisce, anche se l'affronta con coraggio. Per alleviare la sua solitudine, Santiago parla con se stesso o con gli animali, come l'uccello che si posa sulla sua barca, il pesce spada e gli squali.

La solitudine lo costringe anche a confrontarsi con se stesso. Quando è in mare aperto, Santiago è completamente isolato e non ha nulla che lo distragga o che si frapponga tra lui e la sua interiorità. Non ha altra scelta che rivolgere lo sguardo verso l'interno e affrontare chi è veramente.

## NATURA

Nel romanzo, la natura è rappresentata dal mare e dalla vita acquatica al suo interno, e l'oceano fa da sfondo costante alle attività dei pescatori.

Sebbene alcuni vedano il mare come maschile perché rappresenta il pericolo, per Santiago è come una donna, perché ha molto da dare ma può diventare violento quando la situazione lo richiede. Egli spiega che, come le donne, il mare è influenzato dalla luna: "La luna lo influenza [il mare] come fa con una donna" (p. 20). Tuttavia, riconosce che il mare ha due facce: è attraente quando è calmo, ma anche pericoloso perché può facilmente uccidere.

Santiago apprezza la natura e il mare, che conosce bene. È sensibile agli odori, ai suoni e alle immagini che ne derivano: di notte può vedere "la fosforescenza della gramigna del Golfo nell'acqua" (p. 18) e il suo orecchio allenato può sentire "il suono tremolante dei pesci volanti che lasciano l'acqua" (p. 19); di giorno apprezza il blu delle onde e la danza delle meduse iridescenti. Il suo legame con il mare è ulteriormente rafforzato dal suo isolamento. Anche la natura comunica con lui e lo guida: ad esempio, può prevedere il tempo leggendo il cielo, la corrente gli permette di orientarsi e, in certi periodi dell'anno, il volo del falco di mare e gli sciami di pesci possono condurlo in luoghi in cui ha maggiori possibilità di pescare. La forza gli viene anche dalla natura: si nutre di uova di tartaruga e di olio di fegato di squalo e di pesce, e usa il sole e il sale dell'acqua per curare le ferite.

Anche se il suo lavoro è uccidere gli animali, Santiago sente di avere un legame morale ed emotivo con loro. Anche lui è una creatura vivente e deve lottare per la sua sopravvivenza. Durante la lotta con il pesce grosso, dice: "Vieni e uccidimi. Non mi interessa chi uccide chi" (p. 71), perché vede la loro lotta come una battaglia tra la vita e la morte per entrambi i partecipanti. Inoltre, il pesce spada gli piace: ammira la sua forza, la sua resistenza e la sua determinazione a liberarsi.

Tuttavia, l'atto di uccidere il pesce pone un dilemma morale a Santiago. Sente il bisogno di giustificare il suo gesto, soprattutto perché ha usato la sua astuzia per uccidere il pesce. Si chiede se questo sia sbagliato e si domanda: "Se lo ami, non è un peccato ucciderlo. O forse è di più?" (p. 81). Si preoccupa anche di aver perso la sua dignità di pescatore navigando troppo al largo e puntando troppo in alto, e ritiene che, pur avendo fatto il suo lavoro, rispettando il pesce e uccidendolo senza odio, possa aver commesso un crimine. In quest'ottica, si può pensare che l'attacco degli squali sia la sua punizione.

# LA MORTE

La morte è un tema centrale del romanzo e viene discussa esplicitamente: le tartarughe marine uccidono le meduse; le orate mangiano i pesci volanti; il falco di mare caccia i pesci da mangiare; Santiago uccide il pesce spada e gli squali. Nella sua lotta con il pesce spada, guarda in faccia la morte: deve uccidere o essere ucciso. La morte è appena al di là della vita e non si può sfuggire ad essa.

Tuttavia, anche la morte è evocata implicitamente. Santiago è un uomo anziano e, a parte il pericolo che corre quando combatte da solo contro un grosso pesce in mare aperto, sa che non vivrà per sempre e che la sua età e le sue difficili condizioni di vita lo stanno avvicinando alla fine. Il contrasto tra Manolin, che è giovane, ha quasi tutta la vita davanti a sé e "ha ancora [molto] da imparare" (p. 97), e l'anziano Santiago rafforza l'impressione che la morte del vecchio si stia avvicinando. In questo contesto, ci sono molteplici modi di interpretare il suo sonno alla fine del romanzo.

# ULTERIORI RIFLESSIONI

## ALCUNE DOMANDE SU CUI RIFLETTERE...

- Ritiene che questo libro sia un romanzo o una novella? Spieghi la sua risposta.

- Confrontate il libro con la vita dell'autore. Ci sono passaggi autobiografici? Questo significa che si può definire un'autobiografia?

- Secondo lei, quest'opera può essere considerata una narrazione epica?

- Anche alcuni dei libri di Hemingway precedenti a *Il vecchio e il mare* avevano come argomento la pesca. Confrontate queste storie con questo romanzo.

- Nel *De Providentia*, il filosofo romano Seneca (4 a.C. – 65 d.C.) scriveva che non possiamo controllare il nostro destino, ma dobbiamo accettarlo con coraggio. Questa idea si ritrova anche ne *Il vecchio e il mare*? Spiegate la vostra risposta.

- A differenza dei pescatori più giovani, Santiago paragona il mare a una donna. Perché? Sostenete la vostra risposta con esempi tratti dal testo.

- In *Addio alle armi*, Hemingway scriveva: "È nella sconfitta che diventiamo cristiani". Questa osservazione può essere applicata a Santiago?

- Riesci a individuare qualche allusione biblica nel testo?

- Secondo lei, Santiago può essere considerato un eroe?

- Hemingway e André Malraux (scrittore e politico francese, 1901-1976) hanno entrambi partecipato alla guerra civile spagnola e sono stati ispirati dalle loro esperienze a scrivere un libro. Quali sono i libri? Ci sono delle somiglianze tra loro?

# ULTERIORI LETTURE

## EDIZIONE DI RIFERIMENTO

Hemingway, E. (1994) *Il vecchio e il mare*. Londra: Vintage.

## ADATTAMENTI

*Il vecchio e il mare*. (1958) [Film]. John Sturges. Dir. USA: Leland
   Hayward Productions.

*Il vecchio e il mare*. (1990) [Film per la televisione]. Jud Taylor.
   Dir. UK: Yorkshire Television.

*Il vecchio e il mare*. (1999) [Film d'animazione]. Aleksandr Petrov.
   Dir. Russia: Dentsu Tec.

*Vogliamo sapere da voi!*
*Lasciate un commento sulla vostra biblioteca online*
*e condividete i vostri libri preferiti sui social media!*

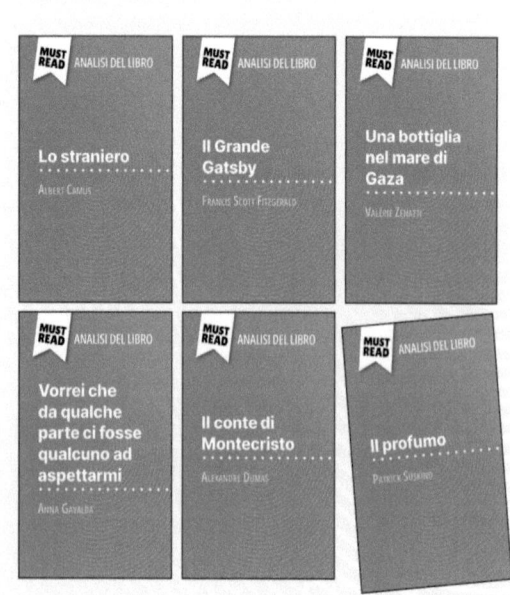

www.50minutes.com

Master ISBN: 9782808690102
ISBN cartaceo: 9782808611503
Deposito legale: D/2023/12603/1430

Copertura: © Primento

*Concezione digitale a cura di Primento, il partner digitale degli editori.*